Ohne WEHE

Keine EHE

Eine humorvolle Reise durch das Leben der Männer, die den Mut, die Bereitschaft und Aufopferung mitbringen, um im sicheren Hafen der **EHE** Schiffbruch zu erleiden. Der Autor versichert, dass der Inhalt frei erfunden ist.

Jede Ähnlichkeit mit Orten, Lebenden und Verstorbenen sind rein zufällig.

Autor: Aloysius Christiansen

© Aloysius Christiansen (Alois Brück)

Website: www.christiansen-aloysius.de

Email: theaterchristiansen-aloysius@web.de

Vorwort

Wie sagte Wilhelm Busch in weiser Voraussicht früher schon:

„Wehe, wehe, wehe, wenn ich auf das Ende sehe".

Das war ein kluger Mann.

Wie oft hat er da schon das Wort „EHE" verwendet.

Die Ehe ist der letzte Ausweg der Eltern, Ihren Sohn doch noch in die Selbständigkeit zu bringen, weil sie dessen Erziehung endlich abgeben und ihr Leben genießen wollen.

Kein Thema ist immer so brandaktuell wie die Ehe. Doch wie kommt sie zustande?

Ist sie vorbestimmt, oder geleitet, oder abgeleitet, oder fehl geleitet?

Der Begriff „Ehe" kommt aus dem altdeutschen „ewa" und heißt „GESETZ". Damit ist die förmliche, gefestigte Verbindung zwischen zwei Personen gemeint.

Und wenn sie getrennt wird, dann sind die trennenden Gesetzesbrecher und der Mann wird bestraft. So viel ist klar.

Aber vor der EHE kommt die WEHE, also die Bestrafung der Frau.

Die ist mit Schmerzen verbunden und kommt vor, während und bei der Geburt. Natürlich nicht nur einmal, sondern ganz oft.

Ganz Clevere meinen ja, dass die EHE vor der WEHE kommt. Na, die müssen es ja wissen.

Der Autor führt euch auf humorvolle Weise durch die Reise des Lebens der Männer, die es wagen, sich zu ehelichen. *(heul)*

Für meine geliebte Schwester Anita. Ich vermisse Dich sehr!

Die Geburt, eine Vorbestimmung?

Das schönste am Mensch werden ist doch in erster Linie die Geburt. Kaum ist man auf der Welt und schon weiß man doch sofort, wo es lang geht. Das das Leben tödlich verläuft, man viel lernen muss und noch mehr arbeiten. Ach du scheiße.

Nach den gewonnenen Erkenntnissen wäre es doch am besten gewesen, als Spermie nach einem mehr oder weniger erquickenden Quickie auf dem Weg zur Eizelle zu verhungern.

Das Ding hat nur einen Haken!

Spermien haben kein Gehirn, glaube ich jedenfalls. So blöd kann doch keiner sein und mit offenen Armen in sein Verderben hinein schwimmen.

Anscheinend aber doch. Typisch Mensch.

Na gut. Jetzt bist du schon mal auf der Welt.

Dann überleg doch mal.

Hattest du nicht, als deine Mutter dich liebevoll mit dickem Bauch und Rückenschmerzen durch die Gegend getragen hat, schon mal Erfahrungen mit dem anderen Geschlecht gemacht, wenn sie an einer gut aussehenden, jungen, knackigen Frau vorbei gegangen ist und du vor Freude durch die Zähne pfiffst und sie getreten hast?

Kannst du dich daran noch erinnern? Wahrscheinlich eher nicht. Aber dennoch; merkst du etwas?

Das war dein erster Kontakt mit dem anderen Geschlecht.

Was lernen wir daraus? Bereits im Mutterleib werden die Weichen gestellt. Du nimmst Kurs auf den Hafen der Ehe und erleidest damit unweigerlich Schiffbruch. Aber egal.

Es dient ja schließlich der Erhaltung deiner Rasse, der Spezies MENSCH.

Interessante Theorie, nicht wahr? Ich denke, du hast Dir darüber noch nie Gedanken gemacht?

Ich auch nicht, bis eben.

So, und nun willst du wieder zurück in den wohlig warmen und schützenden Bauch von Mami, was?

Ne, sorry, der Weg ist dicht. Oder glaubst du wirklich, deine Mutter will dich Peiniger wieder verinnerlichen. Die ist jetzt wie ein Flaschengeist frei und braucht keine Wünsche mehr zu erfüllen. Endlich kann sie wieder feiern, tanzen, saufen und und und. In diese Richtung geht´s also nicht mehr.

Deswegen musst du das Beste daraus machen.

Aus lauter Dankbarkeit wirst du erst einmal deinen Eltern keinen ruhigen, gesunden

Schlaf gönnen. Und zum anderen wirst du Ihnen immer wieder schön regelmäßig deine Windeln abwechselnd voll geschissen und gepinkelt in die Hand drücken.

Das macht Laune, sag ich Dir.

Der Spaß sei dir gegönnt. Schließlich wird dein vorbestimmtes, bedauernswertes Leben nicht nur Angenehmes bereithalten.

Das Klein-Kindesalter

Wie sagten doch meine Eltern früher immer, wenn ich was haben wollte:

„Junge, sieh dich doch hier mal um. Das mussten wir uns alles vom Mund absparen." *(deswegen sind in meiner Familie auch alle schlank).*

„Das Haus, die Möbel, das ganze drum herum etc. hat sich schließlich nicht von selbst bezahlt."

„Wir hatten nie viel Geld gehabt."

„Deswegen kann das Christkind dir zu Weihnachten auch keinen Gameboy kaufen. Socken und so, aber mehr geht nicht."

„Und bevor wir darüber mit dem Christkind endgültig reden, müssen deine Noten in der Schule erst einmal entsprechend gut ausfallen."

„Was soll denn später mal aus dir werden?"

„Mit schlechten Noten kannst du nur Hilfsarbeiterjobs bekommen. Da verdienst du nicht viel Geld."

„Und welche Frau will denn schon einen Mann heiraten, der wenig Geld mit nach Hause bringt?"

Merkt ihr was?

Ich war noch nicht ganz trocken hinter den Ohren und schon wurden mir Drohungen gemacht.

OHNE GELD KEINE FRAU!

Na super.

Aber mal ganz ehrlich: Was will ich im zarten Alter von sieben Jahren mit einer Frau anfangen? Geht's noch! Ich wollte raus, spielen, mich dreckig machen und abends am Game Boy spielen.

Und außerdem; was fängt man als junger Knabe mit einer Frau an?

Meine Mutter ist meine Mutter okay.

Aber seine eigene Mutter heiraten geht gar nicht. Mal abgesehen davon, hätte Papa da auch noch ein Wörtchen mitgeredet.

Aber es gibt ja tatsächlich Länder, in denen es üblich ist, schon im Kindesalter zu heiraten. Da ist der Ehepartner unter Umständen schon einige Jahre älter, zumindest der Mann. Andere Länder, andere Sitten, sagt man ja.

Meine Lehrerin Frau Müller hingegen, die sah richtig super aus. Wenn ich die im Unterricht hatte, versuchte ich immer morgens sehr gepflegt auszusehen. Das ging dann auch ohne ständiges Ermahnen meiner Mutter. Haare waschen und Zähne putzen waren selbstverständlich. Ich erkannte mich nicht mehr wieder.

Immer, wenn ich sie sah, hatte ich so ein Kribbeln im Bauch. Gerade bei ihr strengte ich mich besonders an und passte im Unterricht gut auf.

Junge junge. Was himmelte ich die Frau an.

War das ein tolles Gefühl. Ich glaube ich hatte mich in sie verliebt. Das allererste mal.

Da konnte mir die Kati von der Parallelklasse die mich ständig mit Schokolade ködern wollte doch glatt gestohlen bleiben.

Leider beruhte meine Liebe nicht auf Gegenseitigkeit.

Frau Müller beachtete mich nicht weiter, verpasste mir in Deutsch eine sechs und somit eine Ehrenrunde in der gleichen Klasse.

Ich war total enttäuscht. Meine erste Enttäuschung, die ich mit einer Frau erlebte.

Doch damit nicht genug.

Kurz darauf wurde sie schwanger und zog mit ihrem Mann weg. Fort aus meinem Leben.

Was folgerte ich daraus?

Frauen können mir gestohlen bleiben. Sie bringen nur Unglück.

Nur nicht meine Mutti. Die war immer lieb zu mir.

Die Pubertät

Junge, junge, wie die Zeit doch vergeht. Kaum ist man auf der Welt und schon erwachsen. Langsam, langsam. So schnell geht's doch nun wirklich nicht oder? Natürlich nicht.

Aber dennoch tut sich was. Erst wachsen einem die Haare auf dem Kopf und dann noch woanders. Na ja, auf dem Kopf wachsen sie schon seit der Geburt. Und Pickeln im Gesicht gibt´s gratis dazu. Und auf einmal merkt man doch glatt, dass das Dingdong da unten nicht nur zum pinkeln da ist.

Geil, oder?

Und die Kati, die vor ein paar Jahren noch so flach und so hässlich war, die hatte auf einmal aber ein paar dolle Dinger bekommen sage ich euch.

Ich meine jetzt nicht die Augen im Kopf sondern die Dinger, die zwischen den Schultern links und rechts kurz vor dem Bauchnabel stehen, wenn sie hängen und später den Nachwuchs ernähren und für Rückenschmerzen und Hohlkreuz sorgen können. Kapiert?

Und gut aussehen tat sie auf einmal auch. Wieso war mir das nicht schon sehr viel früher aufgefallen?

Nach der drehten sich alle Jungs um. Und ich auch. Das war das erste Mal, dass ich einen steifen Nacken bekam.

Tja, die gute alte Pubertät. Da spielen die Hormone verrückt. Da kam einem doch glatt der fixe Gedanke, sich zu verlieben Aha, so lief das alles hier.

So, jetzt aber schnell! Es war jetzt fünf Minuten vor zwölf.

Noch konnte ich handeln. Es war noch Zeit abzuhauen und zusammen mit meinem Glauben in ein Kloster zu flüchten um nichts mehr mit Weibern zu tun zu haben. Den ganzen Tag beten und Gemüsegarten anbauen, Kirche putzen, schuften schuften….. Moment mal. STOPP.

Dreimal tief durchatmen und erst einmal überlegen!

Was war denn wichtiger?

    a) Die Pubertät mit ihren tollen Seiten. Sich treiben lassen von der Lust und der Laune. Einfach was Neues ausprobieren. Die Mädels von allen Seiten kennen lernen oder ….

    b) Ich nehme a.

Na also, geht doch. Erst mal leben. Das galt früher und gilt auch heute noch.

Wenn dein Leben aus der Bahn geriet, konntest du immer noch ins Kloster oder? Na siehste. Hatte ich doch recht!

Ja und irgendwann hatte ein Mädel mich doch. Nein, nicht die Kati. Die hatte was mit meinem besten, ehemaligen Freund Peter. Wieso ehemalig? Hätte Peter nichts mit ihr angefangen, wäre er immer noch mein Freund. Nochmal zurück. Also irgendwann ….. Irgendwann hatte ich dann was mit Michi. Sie war die letzte aus der Klasse, die was für mich übrig hatte. Bei allen anderen war ich abgeblitzt. Falsches Deo oder so. Ich weiß es nicht mehr. An mir kann es nicht gelegen haben.

Bei uns wurde eben nur einmal in der Woche gebadet. Wasser kostete Geld und Geld hatten meine Eltern nicht. Ich fand, ich roch normal.

Jedenfalls dauerte es nicht lange und es war keine lockere Beziehung mehr, bei der sich alles zu 99 Prozent um SEX drehte; nein irgendwann nannte sich das ganze

BEZIEHUNG!

Eine Beziehung kannte ich eigentlich nur aus Film und Fernsehen.

Die einzige richtige Beziehung in der damaligen Zeit bestand für mich zu meinem Auto.

So ein richtig toller geiler Opel Manta A mit Fuchsschwanz.

Das war vielleicht ein tolles Teil. Da konnte sich meine Perle noch so abmühen und mit dem Hintern wedeln. Nix da, das Auto kam an erster Stelle.

Wenn da ein Foto vom Auto mit ihr gemacht wurde, dann höchstens, wenn Sie sich gerade am Außenspiegel schminkte .

Und wehe die setzte sich mit ihrem grazilen Hintern auf die Motorhaube. Da ging aber die Post ab, sage ich euch.

Ja, so war das damals.

Die Ehe, warum?

Ja Ihr leidgeprüften Männer, liebe Leidensgenossen.

Die Frage „Ehe, warum?" ist gar nicht so einfach zu beantworten.

Ist es eine von Gott gewollte Bestimmung, ist es ein Trieb, der den eigenen Willen ausschaltet oder einfach Anstand?

Wo ich doch schon bei der nächsten Frage gelandet bin: ANSTAND.

Was bedeutet ANSTAND? Mal schnell googlen:

Laut Wikipedia, ich zitiere: „…als Anstand wird in der Soziologie ein als selbstverständlich empfundener Maßstab für ethisch-moralischen Anspruch und Erwartung an gutes und richtiges Verhalten bezeichnet.

Das heißt also, ich mache alles richtig, wenn ich heirate, so mit Schein vom Standesamt? Ehrlich gesagt, wollte ich das nicht hören bzw. lesen, geschweige denn schreiben.

Andere Frage: „Ist es denn unanständig, wenn ich nicht heirate?"

Ich gebe zu: „Ich bin verwirrt."

Mal überlegen:

Eine Nonne, die im Kloster lebt, ist doch glaubensbedingt mit unserem Herrn Jesus Christus verheiratet, ohne Schein vom Amt. Ist die Nonne jetzt anständig oder unanständig?

Ich glaube, hier kehre ich erst einmal zu meiner Ursprungsfrage zurück.

Wenn ich mich in meinem Bekanntenkreis so umschaue, mich natürlich eingeschlossen, dann gibt es hierfür unterschiedliche Gründe, die dafür in Frage kommen können:

1. LIEBE
2. KINDER
3. ABSICHERUNG FÜR TODESFALL DES EHEPARTNERS
4. STEUERERSTATTUNG
5. HEIRAT IN WEIß *(WARUM ICH DAS NICHT AN ERSTER STELLE STEHEN HABE, WEIß ICH NICHT)*

Im Einzelnen:

Zu 1) Liebe

Schon wieder etwas kompliziertes. Was heißt Liebe? Wie macht sie sich bemerkbar? Nochmal googlen:

Zitat: „Liebe ist eine Bezeichnung für stärkste Zuneigung und Wertschätzung."

Da stellt sich mir die nächste Frage: Wenn mein bester und engster Freund in der Hose aufsteht, sobald ich eine schöne Frau erblicke bin ich dann schon verliebt oder welche Art der Zuneigung ist das?

So langsam bekomme ich Zirkus in meinem Kopf.

Aber je mehr ich darüber nachdenke, desto eher komme ich der Lösung etwas näher, glaube ich zumindest.

Ich stelle mir das so vor:

a) erst einmal bewegt sich nichts in der Hose.

b) es wird einem heiß und man hat, wie man das so sagt, Schmetterlinge im Bauch.

c) das Blut steigt einem zu Kopf und anschließend in die Hose und es bewegt sich was.

Aha, das bedeutet also Liebe, OK abgehakt. Aber deswegen heiraten?

Zu 2) Kinder

Allein schon der Gedanke daran, lässt mich schlaflose Nächte durchzechen.

Gibt es denn etwas Schöneres, als Kinder?

Die Antwort lautet eindeutig: NEIN

Das heißt, so lange du es deiner Frau nicht sagst. Die glaubt natürlich **SIE** wäre die Nummer eins.

du siehst in den Kindern dein Spiegelbild, also die Nummer eins.

Sollten Sie eher Deiner Frau gleichen, so könnte ein Vaterschaftstest endgültige Gewissheit verschaffen; nur so mal am Rande erwähnt.

Ich will natürlich damit nicht sagen, dass Kinder grundsätzlich ihren Vätern gleichen müssten. Wäre nur schön. ☺

Aber nochmal zurück. Kinder sind ein kostenloses Geschenk Gottes, wofür wir Menschen für ein bisschen Spaß an den Folgekosten ganz schön zu knabbern haben.

Hierfür ist natürlich Gott nicht zuständig. Das haben Adam und Eva letzten Endes versaut.

Aber die Kosten, die Kinder verursachen, sind letzten Endes auch nebensächlich. Und die Kosten für Essen, Trinken, Windeln, Klamotten im Allgemeinen, Wohnen und die Gesundheitsschäden, die wir Eltern, gerade im psychosomatischen Bereich erleiden, spielen auch eine untergeordnete Rolle. Die Psychologen freuen sich.

Profiteur ist die Windelindustrie, deren Einnahmen in schwindelerregende Höhen katapultieren und damit gleichzeitig *(winwin)* die Müllberge, so dass die Ausgaben für die Abfallentsorgung auch in die Höhe getrieben werden.

Ja, seien wir doch einmal ehrlich Leute!
Kaum ist unser Nachwuchs auf der Welt,
schon sind die Mitgliedschaften bei Reit-,
Karate-, Paragliding- *(naja)*, VISACard,
Tanzschulen etc. gebongt.

Da frag ich mich doch als Betroffener, ob ich
tatsächlich alle Gedanken geordnet im
Oberstübchen zusammen habe.
Mal kurz überlegen. Ich glaube ja. Wenn ich
mich genau entsinne, wollte ich meine Söhne
nur beim Fußball anmelden. Voll normal
oder?

Wo war ich nochmal? Ach ja, Kinder. Kinder
sind ja unsere Zukunft und sollen auch für
unsere Zukunft, sprich Sicherung der
Altersversorgung *(Rente)* ihren Beitrag
leisten.
ECHT?
Aus eigener Erfahrung kann ich das nur
bestätigen.

Schade nur, dass sie gerade dann nicht greifbar sind, wenn wir sie brauchen.

Beispiele?

Gerne!

„Maxi, wärest du bitte so nett und würdest bitte Holz für den Kamin rein holen?"

„Tut mir leid Papa, bin gerade in einem ganz schwierigen Level. Der Kampf dauert noch ca eine Stunde. Ich kann gerade nicht weg!"

Alternative Antwort:

„Es war eure Idee, einen Kamin einzubauen. Dann schafft Ihr das mit dem Holz doch auch locker alleine."

Oder

„Wenn wir mal alt und krank sind, dann kümmert Ihr euch doch um uns, oder. Wir waren doch auch immer gute Eltern!"

Antwort: „Hier habt Ihr eine Liste mit den Adressen vom Betreuten Wohnen und Altenheimen. Da könnt Ihr euch schon mal informieren und auf die Warteliste setzen lassen."

Na, alles kapiert?

Richtig. Kinder sind tatsächlich unsere Zukunft oder soll ich besser sagen:

„Sie weisen uns unsere Zukunft, und die wird nicht rosig, sondern bitter und arschkalt sein!"

Also, warum wegen Kindern heiraten?

Zu 3) Absicherung für den Todesfall des Ehepartners

Hört sich im ersten Moment schlimm an, ist es auch.

Denn eins ist sicher:

a) Sterben werden wir alle irgendwann und

b) als Bestatter hätte ich ein sorgenfreies Leben und immer zu tun; auch als Tierbestatter, aber das will ich hier nicht weiter vertiefen.

Aber im ernst! Niemand möchte für den Fall, dass er vor dem Partner den er liebt (s. Nr. 1) stirbt, diesen mittellos zurück lassen.

Diejenigen, die sich jetzt diesbezüglich um nichts Gedanken machen müssen, können oder wollen, können dieses Kapitel überspringen. Danke!

Also gehen wir mal vom günstigsten Fall aus: du bist noch nicht Tod und hast noch genügend Zeit, dir zu überlegen, was du dem zukünftigen Erben Gutes tun kannst.

Immer natürlich vorausgesetzt, es gibt was zu vererben.

Merke: Auch Schulden können vererbt werden.

Tipp von mir: **Erst mal Gehirn einschalten**.

Frag dich:

a) Ist deine Partnerin überhaupt die Richtige für dich?

b) Hast du dir am Anfang der Beziehung das Gewicht notiert und zwischenzeitlich nachkontrolliert.

c) Werden deine Erwartungen also die Höhe deiner Meßlatte *(nein nicht dein Dingdong),* sondern die Anforderungen die du an die Partnerin gestellt hast, immer noch erfüllt oder

d) hast du schon resigniert und dich damit abgefunden, es nicht besser verdient zu haben?

Nachdem du die Punkte aufmerksam durchgelesen und auch verstanden hast, gönne ich dir doch einfach eine Auszeit, um darüber nachzudenken.

Und? Wie viele Minuten, Stunden, Tage hast du überlegt?

Oder war die Antwort sofort da, weil für dich sowieso nur die inneren Werte zählen. Womit wir wieder bei der Liebe wäre *(s. 1)* Dann bleibt mir nur noch übrig, dir für deine Zukunft alles erdenklich Gute zu wünschen.

Also, gibt alles her was du hast, wenn du nicht mehr da bist.

Tipp von mir: Schulden, die du zu Lebzeiten ohne Wissen deiner Frau gemacht hast, dürfen erst nach deinem Ableben auftauchen.☺

Also hier würde ich sagen, Hochzeit na ja. Okay. Aber wirklich nur, wegen den Schulden. So kannst du mit einem Grinsen abdanken. *(klingt gemein, ist es auch☺)*

Zu 4) Steuererstattung im Hochzeitsjahr

Die grundsätzliche Einstellung von uns Steuerzahlern ist doch die, am liebsten keine zahlen zu müssen, oder?

Richtig!

Leider sieht die Realität etwas anders aus.

Nun gibt es aber auch ein ganz spezielles Steuersparmodell für Steuer-Sparfüchse, hab ich mir sagen lassen;

die HEIRAT vor dem Jahreswechsel.

Ist das nicht herrlich?

Erst die vielen Geschenke an Heiligabend und dann auch noch ein Geschenk vom Vater Staat, so kurz vor Silvester.

Ein Orgasmus kann nicht schöner sein. Ein Vibrator nicht intensiver vibrieren. Halt stopp. Ich weiche hier vom Thema ab, sorry.

Also in der Regel ist es ja so, dass bei einer Hochzeit bis zum Jahresende, dies rückwirkend ab Jahresanfang, Auswirkungen auf die Höhe der tatsächlich zu zahlenden Einkommensteuer hat, also man schon für das ganze Jahr als verheiratet gilt. Klingt gut.

Davon lassen sich viele überzeugen und setzen es in die Tat um.

Leute, muss das sein? Glaubt ihr denn wirklich, den Bonus gibt es jedes Jahr? Spätestens am 02. Januar wieder die Scheidung beantragen und dann Ende des Jahres wieder heiraten und das ganze wiederholen?
DENKSTE IHR TRAUMTÄNZER!

Also überlegt es euch gut. Versucht vorher das Geld für eine Urlaubsreise oder ein neues Tablet etc. zusammen zu sparen aber bloß nicht deswegen Ende des Jahres noch schnell heiraten.

HEIRATEN IST NUR WAS FÜR PROFIS!!!

Aber, wenn euch das nicht davon abhält und ihr doch sowieso aus LIEBE (s. Nr. 1) heiraten wollt, dann gebe ich euch meinen Segen.

Zu 5) Heirat in Weiß

Bei dem Thema fangen Frauen auf jeden Fall an zu schwärmen und verdrehen die Augen, oder?

Da wird keine Nachmittagssendung von irgendwelchen Hochzeitsvorbereitungen etc. verpasst. Hab ich recht?

Ist es denn auch verwunderlich? So eine Hochzeit in weiß ist doch schließlich die, für eine Frau wohl am höchsten zu erreichende Stufe in Ihrem Leben, vom Kinder kriegen, Haus bauen, Baum pflanzen etc einmal abgesehen. Ach ja, irgendwann kommen wir Männer dann auch noch ins Spiel. Für uns Männer bedeutet es unter Umständen den totalen Treppensturz, Börsencrash, Abfahrt in die Hölle etc.

Ne, aber mal im Ernst. Es war doch schon früher so, zumindest seit dem ich denken kann.

Aufgehört zu denken habe ich dann wieder nach der Hochzeit.

Frauen in einem umwerfenden weißen Traumkleid und Männer in schlichtem schwarzen Anzug. Warum ist das eigentlich so?

Eine Antwortmöglichkeit:

Männer wurden früher, sofern dies noch möglich war, in Ihrem Hochzeitsanzug beerdigt. Das habe ich vorsichtig ausgedrückt, weil diese nach vielen Ehejahren und der guten Fütterung durch die Frau nicht mehr reinpassten.

Da kamen sich die Männer bestimmt vor wie die Männchen der Gottesanbeterin, die diese nach dem Geschlechtsakt mit Kopf und Rest verspeist, wenn diese danach nicht ganz schnell die Kurven bekommen.

Tolle Aussichten waren das.

Bei Frauen wurde das meines Wissens nicht gemacht. Jeden Falls ist mir nichts bekannt. Mit dem ganzen Tüll und drumherum würden die auch bestimmt nicht in einen normalen Sarg passen.

Ohne euch Frauen auf den Schlips treten zu wollen; die Hochzeit war und ist für Männer der gewiesene Weg.

Entweder ist es der Weg ins gelobte Land

ODER

die ungewisse Reise in das Land der ewigen Finsternis.

Bevor hier Unstimmigkeiten aufkommen; umgekehrt kommt das natürlich auch schon mal vor.

Tatsache ist natürlich, dass es wirklich ein Höhepunkt in einer Beziehung ist oder sein sollte, NACHDEM WIR EUCH FRAUEN

UNTER FREIWILLIGEM ZWANG EINEN HEIRATSANTRAG GEMACHT HABEN:

DIE HOCHZEIT

Warum aber in weiß?

Mögliche Antwort:

Sieht auf dem Hochzeitsfoto schön aus. Vor allem fällt der Blick eher auf die weibliche Gestalt, als auf den Schlipsträger.

Ich hab natürlich auch im Internet mal so ein bisschen recherchiert und siehe da; schuld an dem ganzen Dilemma ist, wie könnte es auch anders sein,

EINE KÖNIGIN

gewesen *(war ja klar)*.

Klar deshalb, weil jedes Mädchen doch im Kindesalter gerne Prinzessin oder Königin spielt und sein will.

Und weil der Königin erst einmal der Hofstaat fehlt, muss der *König (DEPP)* herhalten und sie verwöhnen.

So jetzt wisst Ihr es, weswegen meistens in weiß geheiratet wird.

Ein weiteres Argument war die Unbefarcktheit, womit man die Farbe **Weiß** ins Spiel brachte.

Da fällt mir noch die Geschichte ein, die mir meine Nachbarin mal erzählte.

Da hatte doch tatsächlich mal eine aus dem Dorf geheiratet und kurz nach der Hochzeit ein Kind entbunden.

Irgendwie wurde dann das Heiratsdatum nach hinten verlegt, damit das mit den neun Monaten noch passte. Ne wirklich, soll sich so zugetragen haben.

Von wegen unbefleckt.

Heutzutage sind natürlich alle Farben denkbar.

Der Valentinstag

Um das mal gleich los zu werden liebe Männer und Leidensgenossen der ersten Stunde. Lasst euch bloß nicht einfallen, aus jedem Tag, den euch der liebe Gott schenkt, einen Valentinstag zu machen.

Aus der Nummer kommt ihr zu euren Lebenszeiten nicht mehr heraus.

Ihr würdet total verschuldet und verarmt, einsam und verlassen unter einer Brücke bei Hochwasser ertrinken. Glaubt es mir.

Soweit ich das mal recherchieren konnte, haben die Amerikaner diesen Brauch hier in Deutschland nach dem Krieg quasi eingeführt.

Und weil wir das so toll fanden, haben wir das gleich auch mal so beibehalten. Wir finden ja so vieles toll.

Dazu gibt es natürlich als kostenlose Zugabe einen Heiligen.

Hierfür musste der heilige Valentin dran glauben. Dran glauben musste der in Wahrheit tatsächlich, jedenfalls steht es so geschrieben.

Kurzer geschichtlicher Rückblick gefällig? OKAY.

Der heilige Valentin war im 3. Jahrhundert nach Christus irgendwo Bischof.

So weit so gut. Weil er aber wohl entgegen des Verbots, Liebespaare christlich zu trauen, dies trotzdem gemacht haben soll, ist er irgendwann hingerichtet worden.

Die waren echt nicht zimperlich früher.

Na jedenfalls hatte er angeblich den frisch verheirateten Paaren immer Blumen aus seinem Garten geschenkt. Der musste einen riesigen botanischen Garten haben und ein Gewächshaus, wenn welche im Winter heiraten wollten.

Die Ehen, die von ihm geschlossen wurden, haben laut der Überlieferung unter einem guten Stern gestanden.

Was soll uns das jetzt sagen?

Ganz klar!

Würde der heilige Valentin heute noch leben, würden die Scheidungsanwälte arbeitslos werden.

Also ist es doch nicht weiter verwunderlich, wenn trotz Blumengeschenken zu Valentinstag, die logischerweise mangels irdischem Daseins, nicht vom heiligen Valentin übergeben werden können, Ehen geschieden werden.

Damit ist für mich der Valentinstag erledigt, vergessen, verdrängt.

Wie man trotzdem immer dran denken kann und an diesem Tag keine Geschenke machen muss ist ganz einfach:

Schenkt eurer Liebsten die schwarze American Express Karte und sie wird euch den Tag verzeihen.

Letztens wurde ich noch von einem meiner verbliebenen Freunde gefragt, ob ich meiner besseren Hälfte zum Valentinstag auch Blumen geschenkt hätte.

Darauf ich:

„Mein lieber Freund! Der Valentinstag ist der Tag der Verliebten."

„Ich bin VERHEIRATET!"

Das saß.

Ich hatte die Lacher auf meiner Seite.

Warum meine Frau nicht mit lachte und den ganzen Abend kein Wort mehr mit mir redete, kann ich mir bis heute nicht erklären.

Ach ja, hier der kleine unwichtige Hinweis für die Frauen:

Ab dem Valentinstag fängt der Mann an, der sich keine Schwarze American Express leisten kann, ein Sparbuch anzulegen, worauf er ein ganzes Jahr lang Gelder einzahlt. Der Grund liegt auf der Hand. Er ahnt es schon: Die Frau will HEIRATEN.

Die Romantik

Kommt vor dem Valentinstag, definitiv.

Ja, stell dir mal vor, du lernst eine Frau nach dem Valentinstag kennen und müsstest ein Jahr lang warten, bis du ihr zum ersten Mal Blumen schenkst.

Der SUPER GAU oder?

Romantik fängt bei Frauen doch auch schon im Kindergartenalter an. Beispiel gefällig?

Du bietest ihr dein Pausenbrot mit Sardinen in Olivenöl an, was du sowieso nicht essen wolltest. Und schon da ist sie von dir hin und weg. Gerne tauscht sie mit dir ihr Leberwurstbrot. Wer ist auch schon gern als Kind Sardinenbrötchen beim gemeinsamen Frühstück im Kindergarten? Fisch am frühen Morgen? Deine Eltern haben eine seltsame Vorstellung von gesundem Frühstück?

Aber deine neue Freundin und vielleicht zukünftige …….. beißt herzhaft rein und freut sich, dir die Last abzunehmen und dadurch ihre Zuneigung zu zeigen.

Dass sie wenige Minuten später wegen Brechdurchfall von ihrer Mutti abgeholt werden muss, die deswegen ihre Arbeitsstelle verliert, tut eurer Beziehung keinen Abbruch.

Das war deine erste romantische Erfahrung.

Nein, ich werde jetzt nicht bei Dr. Google nachfragen, was darunter zu verstehen ist.

Das muss man doch auch mal so auf die Kette kriegen, oder?

Wir sollten das Wort **ROMANTIK**

mal einfach sezieren. Ja genau!

Wie? Das verstehst du nicht?

Ich meine damit, die Buchstaben einzeln auseinander nehmen und zu deuten.

Wieso ich das bei anderen Themen nicht mache?

Das ist doch wohl meine Sache, oder? Schreib du erst mal ein Buch, dann siehst du, wie schwierig das ist.

Also:

Das Skalpell gewetzt und los geht's!

R

Das ist klar.

Das **R** steht für **RAMMLER**. Wofür auch sonst. Eine andere Deutung wäre schließlich falsch. **Du glaubst doch, dass du sie einfach**........ , denkste!

O

Das **O** steht für **OPFER**.

OPFER deswegen, weil es jemanden trifft, der dafür gerade stehen muss, also zahlen. Wieso fühlst du dich an dieser Stelle angesprochen? Aha, habe ich da gerade die Nadel an deiner empfindlichsten Stelle angesetzt? Volltreffer, obwohl ich nur ins Blaue hinein geraten habe?

Ich hätte jetzt noch mit **ORDENTLICH** weiter gemacht. Es gibt ja auch **OPFER** die **ORDENTLICH** dran glauben müssen, aber OK.

M

Auch wieder total eindeutig; **Mann**. Wieder sind wir dran.

A

Nenn dich wie du willst. Anton, Alois, Albert. Egal.

Das **A** steht aber nicht für einen bestimmten Namen sondern **A = Armleuchter**.

N

Steht für **Null**. Damit ist dein Wert gemeint.

T

Das **T** steht für **Trottel**. Also immer schön aufpassen und ins Fettnäpfchen treten.

I

I steht eindeutig nicht für **Ingenieur** wie du vielleicht mit einer einprozentigen Hoffnung noch vermutet hast.

Versuch es mal mit **Idiot**.

K

Das K steht eindeutig für **Klappspaten**. Steht für einen selten dummen Menschen. Hierzu sag ich nichts mehr.

Damit wäre das auch schon geklärt.

Vielleicht kann man sogar einen ganzen Satz daraus bilden:

„Der **Rammler** bringt sein **Opfer** als **Mann** verkleidet dar, weil er der totale **Armleuchter** sowie eine **Null** ist und als **trotteliger Idiot** bestenfalls mit einem **Klappspaten** umgehen kann."

ROMANTIK wurde durch Frauen im Laufe der Jahrhunderte geprägt, um uns Männer in die Richtung zu lenken, die die Frauen gerne hätten, die wir gehen sollen.

Und worin gipfelt diese Romantik? Natürlich im Heiratsantrag, weswegen ich den im folgenden Kapitel vor den Eltern des anderen Partners vorziehe.

Der Heiratsantrag

Du glaubst doch wohl nicht im ernst, dass du bis hierher vorblättern kannst, um von mir Tipps zu bekommen, wie du deiner Angebeteten kostengünstig, am besten auch noch umsonst und mit hundertprozentiger Erfolgsgarantie, einen Heiratsantrag machen kannst. Und umsonst geht schon mal gar nicht. Das Buch hier kostet.

Geht's noch.

Lies das Buch von Anfang bis zum Ende und du kommst schon selber darauf, was für dich das Beste ist. Entweder allein sein oder zwei Sein. Auf jeden Fall Einsam.

Vergleich es doch einfach mit einer Margeritenblume deren Blätter du rupfst und einer Zwiebel die du schälst.

Hä, wirst du dich fragen!

Okay okay, ich werde versuchen, es dir im Schongang *(Stufe 1)* zu erklären.

Während du die Blume wie ein Orakel durch abreißen der Blüten befragst, „Sie liebt mich nicht, sie liebt mich, sie liebt mich nicht" usw. usw. in freudiger Erwartung, dass beim letzten Blütenabriss „sie liebt mich" übrig bleibt, befindest du dich in Trance, also im Zustand geistiger Umnachtung und weinst vor Freude.

Beim Zwiebel schälen ist es manchmal anders, wie wenn Frauen sich ausziehen; zum heulen. *(kleiner Scherz).*

Spass beiseite.

Tatsache ist doch, das die Frau erwartet, natürlich wenn Man*(n)* mit *(F)*rau lange genug zusammen die Freude teilt *(das Leiden kommt erst nach der Hochzeit)* oder genügend Kohle auf dem Konto hat oder wegen Steuern oder was weiss denn ich noch alles für Gründe vorliegen können, die Freundschaft durch das Band der EHE endlich bis zum Lebensende, zu verbinden.

Dann mach doch einfach mal beim Standesamt einen Termin für die standesamtliche Trauung und erzähl es deiner Freundin so nebenbei abends beim Essen.

„Du Schatz!?"

„Ja?"

„Hast du am Mittwoch, morgens um zehn Uhr Zeit?"

„Mittwoch morgen? Was ist denn da um zehn?"

„ Ich habe da für uns einen Termin beim Standesamt gemacht!"

„Aha! Und was willst du beim Standesamt?"

„Na, ich hab´ gedacht, weil wir jetzt schon ein Jahr zusammen sind und nächste Woche ja

Sylvester ist, könnten wir noch schnell vor dem Jahreswechsel heiraten, wegen der Steuer und so!"

Rumms, dir fliegt der Teller mit dem Hummer um die Ohren, während die Angefragte im Blitztempo das Weite sucht.

Finde den Fehler.

Deine Freunde, allesamt Junggesellen, werden dir natürlich bestätigen, alles richtig gemacht zu haben.

Aber was ist falsch gelaufen?

Dir ist natürlich nicht auf gefallen, dass deine Freundin mit dir zusammen seit Wochen schon Heiratssender im Fernsehen mit wachsender Begeisterung ansieht, während du daneben sitzt und mit dem Tablet im Internet rumsurfst.

Auch das ihre Freundin bei deren letzten USA Reise einen total romantischen Heiratsantrag von ihrem Freund an den

Niagara Fällen gemacht bekam, hat dich nicht wirklich interessiert. Der Angeber, dachtest du noch.

So was hast du doch gar nicht nötig.

Und was das gekostet haben muss, den Heiratsantrag in den USA zu stellen. Das hätte der doch hier in Deutschland viel billiger haben können.

So langsam dämmert dir trotzdem etwas und du überlegst:

Kam der Heiratsantrag jetzt vor der standesamtlichen Trauung oder danach?

Alles klar. Gehe sofort ins Gefängnis. Gehe nicht über Los und ziehe keine 200 Euro ein.

Tja, da hast du die Reihenfolge wohl vertauscht, du Romantikkiller.

Und nun?

Jeder Mann hat eine zweite Chance verdient; ob er sie bekommt, steht in den Sternen.

So, du hast ja jetzt eine Pirouette im Fettnäpfchen gemacht, Haltungsnote 10.

Für dich gibt es zwei Möglichkeiten:

a) Eine neue Partnerin suchen oder

b) deine zukünftige Ex davon zu überzeugen, dass du nur mal ihre Reaktion testen wolltest.

Also bei a) finde ich, dass du es dir doch etwas zu einfach machen würdest. Das hat deine Partnerin nicht verdient. Außerdem müsstest du die Miete für die 150 qm Wohnung alleine bezahlen. Ach, das machst du sowieso? Ja dann.

An deiner Stelle würde ich es mit b) probieren. Das sie in einer Kurzschlussreaktion das Weite gesucht hat, ohne dir Gelegenheit zur Aufklärung zu geben, damit konntest du ja nicht rechnen. Rechnen war sowieso nie deine Stärke.

Aber so kannst du das ganze wieder gerade biegen.

Und dann wirst du deinen Geiz mal für eine gewisse Zeit auf Eis legen.

Deine Kreativität ist gefragt.

Tipp: Buch eine fünfwöchige Kreuzfahrt an den Nordpol und mach ihr dort in einem angemieteten Iglu bei Kerzenschein und Walfischtran einen Heiratsantrag.

Das ist garantiert der Brüller. Die Idee hatte noch niemand vor dir, glaub es mir.

Sie wird dahin schmelzen und JAAAAAAAAAA sagen☺

Die Eltern der Partner

(künftige Schwiegereltern)

Ein ganz heikles Thema.

Wie ging noch mal der Spruch:

„Willst du die Tochter heiraten,

musst du die Mutter freien."

Klingt erst einmal etwas komisch, würde ich mal sagen aber

DER HAT´S IN SICH!

Normalerweise bringst du erst einmal deine Perle zu dir nach Hause um sie deinen Eltern vorzustellen, du willst es ja schließlich kurz und schmerzlos über die Bühne bringen.

Ein Begutachtungstermin wird vorher nicht mit den Eltern vereinbart. Ihr erscheint einfach zum Nachmittagskaffee auf der Bühne.

Vorher hast du natürlich trotzdem dein Zimmer nach monatelangem Messileben ordentlich aufgeräumt und gestaubsaugt.

Deine Mutter ahnt schon etwas, sagt aber nichts, weil sie ausnahmsweise mal nicht deine Drecksbude aufräumen muss.

Sie freut sich schon darauf, endlich ihre Konzentration auf die täglichen Kaffeekränzchen zu richten und das Thema Erziehung abhaken zu können.

Schließlich bist du jetzt fünfundvierzig Jahre alt und letzte Woche mit dem Elektrostudium fertig geworden. Jetzt bist du Elektroingenieur. Die Waschmaschine hast du auch schon zig mal geflickt, aber noch nicht eine einzige Socke gewaschen.

Für deinen Vater ist das Ganze eigentlich nur reine Formsache.

Tach sagen, Händchen drücken und den Hintern und Vorbau der Neuen betrachten und mit der eigenen Ehefrau vergleichen; kurz in die Vergangenheit zurück denken und schmunzeln.

Ja, eindeutig. Dein Spross hat die gleichen Interessen wie du.

Der Beweis. Es ist dein Sohn.

Die Vorstellungsrunde ist kurz:

„Ist das deine Neue"? werdet ihr begrüßt!

Das war's auch schon. Kurz und schmerzlos.

Anschließend wird erst einmal der Kaffeetisch mit Kuchen gedeckt, wobei die zukünftige Schwiegertochter von der Hausherrin sehr genau auf ihre Hilfsbereitschaft und Fingerfertigkeit gecheckt wird.

So kann sie den ein oder anderen Bonuspunkt sammeln und später einlösen. Aber Vorsicht. Die verfallen relativ schnell.

Das war jetzt der einfachere Teil.

Nun zum umgekehrten Fall.

Der stellt sich komplett anders dar.

Hier wird der mögliche Schwiegersohn erst einmal auf die schicksalhafte Begegnung vorbereitet.

Während die Liebste locker und lässig mit einer Schachtel Pralinen auftreten durfte ist hier, wie im Hochadel, das Protokoll maßgebend.

Der Kommunionsanzug ist das mindeste Kleidungsteil, was erneut an Wichtigkeit gewinnt. Sollte der nicht mehr passen, wovon auszugehen ist, wirst du komplett neu eingekleidet, natürlich auf deine Kosten.

Und Schwiegermutti bekommt mindestens einen großen, hübsch*(en)*, teuren, bunten Blumenstrauß. Aber bloß keine Blumen, die üblicherweise auch auf Gräbern gelegt werden. Um Gottes Willen. Du würdest einen

Börsencrash bei der Frankfurter Börse verursachen.

Ein gemischter Rosenstrauß für einen Fuffi ist das Mindeste. Da fühlt sich die Frau wieder in die Jahre zurückversetzt, als Schwiegervati noch um sie buhlte.

Des Weiteren müssen noch Pralinen edelster Qualität beschafft werden. Und als Sahnehäubchen noch einen Gutschein für die Fußpflege *(na ja)*.

Für den Herrn des Hauses gibt es selbstverständlich ein Sixpack seines Lieblingsbieres, sowie zwei Karten für das TOP Fußball-Bundesligaspiel am Wochenende, zum besseren Kennenlernen natürlich.

Er sieht sich schon total besoffen das Spiel anschauen ohne etwas davon mit zu bekommen. Hauptsache mal weg und rauskommen.

So, den hast du schon mal in der Tasche. Er hat dich adoptiert.

Ganz im Gegensatz zu deiner Schwiegermutti in Spe.

Die hat dich gleich durchschaut und nachgerechnet.

Ich mach´s kurz.

Das hast du gründlich versaut. Und deine Zukünftige hat es auch zu spät bemerkt.

Die Geschenke für den Schwiegerpapi haben im Wert die für Schwiegermutti bei weitem überstiegen. Den Gutschein hättest du auf jeden Fall weglassen sollen und statt dessen einen für die Sauna ab siebzig besorgen müssen. Schäm dich was. In ihren Augen bist du erst mal komplett durch. Das Töchterchen kriegt gleich beim Abwasch noch was zu hören.

Aber wie kommst du aus der Nummer wieder mit einem blauen Flecken heraus?

Da hilft nur eins. Die Flucht nach vorn antreten und

EINSCHLEIMEN.

Fang einfach mit der Feststellung an, dass Mutter und Tochter ja wohl eigentlich Geschwister seien könnten. BONG. Das sitzt.

Beim anschließenden gemeinsamen Essen noch die Kochkünste loben und die kreative Gestaltung des Hauses durch die Hausherrin und die Waage kippt wieder zu deinen Gunsten.

Die Hochzeit
(incl. Hochzeitsnacht)

Endlich ist er da, der große Tag, für deine Frau jedenfalls. Die unspektakuläre standesamtliche Trauung ist vorbei. Nun wollt Ihr euch auch in der Kirche von Gott den heiligen Segen geben lassen. Das Eheversprechen gehört natürlich auch dazu. Aber nicht die Finger kreuzen. Das bringt Unglück. Nur so am Rande: Der heilige Valentin wird euch nicht trauen. Warum wisst ihr ja.

Nachdem ihr euch monatelang durch die verschiedensten Boutiquen gekämpft habt, um die passende Hochzeitsbekleidung zu finden, rückt der Hochzeitstag immer näher.

Ich brauche hier nicht zu erwähnen, dass du deinen Hochzeitsanzug direkt im ersten

Geschäft gefunden hast. Ein guter Bekannter von mir war noch cleverer. Der bekam den Anzug von seiner Mutter geschenkt. Und der passte auf Anhieb. Tja Mutter eben.

Bei deiner Zukünftigen waren doch mehrere Shopping Days erforderlich, bei denen die Freundinnen als unersetzliche Beraterinnen natürlich nicht fehlen durften. Du hattest selbstverständlich Ausgehverbot. Normalerweise trinkt deine Frau keinen Alkohol. Aber nach jeder Shopping Tour kam sie voll gesoffen nach Hause. Eine der Freundinnen hatte immer Sekt dabei. Sie natürlich auch. Du befürchtetes schon, eine Alkoholikerin zu heiraten.

Chill mal.

Vor der Hochzeit wurde standesgemäß Junggesellenabschied gefeiert. Das war eine tolle Sause. Deine Freunde hatten geplant, dich für einen Kurztrip nach Malle zu entführen und dort mit Stripteasetänzerinnen und allem Drum und Dran zu verwöhnen. Boah echt geile Idee war das. Das war natürlich mit deiner Frau so abgesprochen. Leider wurde sie just an deinem wichtigsten Tag kurz vorm Abflug schwer krank; Migräne oder so. Jedenfalls kam sie im Rettungswagen mit Blaulicht ins Krankenhaus und du bist natürlich nicht von ihrer Seite gewichen. Der Junggesellenabschied wurde kurzfristig abgesagt. Ein Ersatztermin wurde wegen der baldig anstehenden Hochzeit nicht mehr anberaumt. Schade. Macht aber nichts. Du bist hart im Nehmen. Dann wirst du eben beim nächsten Junggesellenabschied dabei sein, als Organisator. *(du glaubst auch noch an den Weihnachtsmann, was?).* Hast du dich nicht gefragt, warum deine Nochfreundin schon kurz nach der Einlieferung im Krankenhaus wieder schlagartig gesund wurde? Mensch, denk doch mal nach, nur dieses eine Mal. An der Sache kannst du doch riechen. Die hatte richtig Angst um dich, du könntest es dir anders überlegen. Nach den megageilen Mädels auf Malle vielleicht doch noch den Kürzeren ziehen *(ich rede jetzt nicht über dein Dingdong)* und lieber Junggeselle bleiben wollen. Dein Leben genießen ohne Beschwerden. Mit Frauen unterschiedlicher Nationen rummachen und so. Also einfach nur **LEBEN** bevor du **STIRBST**. Doch sie hat dich in der Zange. Ein bisschen rumjammern, und du fällst darauf rein. Warum glaubst du, bekommen die meisten Frauen Hauptrollen in Fernseh- oder Kinofilmen? Weil sie gut schauspielern können. Ist doch logisch.

Am nächsten Tag fliegt sie bestens gelaunt mit ihren Mädels nach Malle und feiert ihren Junggesellenabschied mit den Chippendales.

Jedenfalls wird die Hochzeit eine Traumhochzeit mit allem Drum und Dran.

In der Kirche wartest du darauf, dass der Schwiegervater dir seine Tochter zur Frau übergibt, was leider nicht klappt, weil er wegen einer Alkoholvergiftung nach dem gestrigen Fußball-Bundesligaspiel im Krankenhaus liegt und seine Frau als Ersatz einspringen muss.

Im Detail muss so eine Massenveranstaltung, die eine Hochzeit darstellt, nicht unbedingt moderiert und erwähnt werden. Bei den Inkas waren das Opferrituale.

Der Ablauf wird wohl folgendermaßen aussehen:

a) von sechs Uhr in der Früh bis mittags war deine Frau beim Friseur *(Sekt trinken inklusive)*

b) du warst morgens duschen, hast deinen Hochzeitsanzug angezogen: **FERTIG.**

c) Dein Trauzeuge war mit deinem Schwiegervater für dich das Fußballspiel schauen und ist ebenfalls wegen einer Alkoholvergiftung im Krankenhaus.

d) Du musst den Brautstrauß selber abholen.

e) Die Trauzeugin deiner Frau sitzt mit ihr beim Friseur und schlürft Sekt.

f) Deine Frau kommt, natürlich besoffen, gestützt von Ihrer Mutter und Gefolge zu spät in die Kirche.

g) Der Priester will entsetzt gehen, du kannst ihn noch gerade so mit einem Hunderterschein umstimmen.

h) Via Internetbotschaft bezeugt dein Trauzeuge alles, Hauptsache er hat

Ruhe und kann weiter pennen. Dein Schwiegervater, der im gleichen Zimmer liegt lallt euch, immer noch besoffen, seinen Segen und dir sein aufrichtiges Beileid zu.

i) Euer Versprechen was ihr euch geben solltet, habt ihr vergessen und müsst deswegen erst mal in den Beichtstuhl.

j) Die Messdiener haben den Messwein schon vorher getrunken und lallen ebenfalls rum.

k) Der Pfarrer macht kurzen Prozess und spricht den Segensgruß des Papstes.

l) Ihr erledigt noch schnell die Formalitäten *(du führst die Hand deiner Frau bei der Unterschrift)*.

m) Beim Hinausgehen werdet ihr mit Reis überschüttet. Deine Frau hat eine Reisallergie und wird rot wie ein gekochter Krebs.

n) Das Fotoshooting findet draußen auf der Wiese statt, wo deine Frau erst mal kotzen muss.

o) Die Bilder werden im Liegen gemacht, weil deine Frau sich nicht mehr auf den Beinen halten kann.

p) Du nimmst dir vor, dir nichts anmerken zu lassen.

q) Anschließend geht's in die Kneipe, wo fett gefeiert wird.

r) Deine Frau wird entführt aber keiner stellt Lösegeldforderungen.

s) Irgendwann spielt die Band euer Lied, obwohl ihr kein Lieblingslied habt.

t) Eure Gäste hätten sich gefreut, wenn ihr euch für die Geschenke bedankt hättet.

u) Um Mitternacht taucht deine Frau, nur noch in Unterwäsche gekleidet, mit den Entführern wieder auf.

v) Du stellst fest, sie ist eine Alkoholikerin.

w) Der Hochzeitstanz muss auf unbestimmte Zeit verschoben werden, jedenfalls bis die Entzugsklinik grünes Licht gibt.

x) Jetzt ist es Zeit für dich, auch mal dem Alkohol zu frönen.

y) Deine Frau ist jetzt total weggetreten. Du lässt sie von Freunden zu dir nach Hause fahren und ins Bett bringen. Ist ja schließlich nicht nur ihre Hochzeit.

z) Nach der zweiten Flasche Wodka machst du Schluss. Deine Freunde können dich davon abhalten, von der Brücke zu springen, fahren dich nach Hause und legen dich neben deine Frau ins Bett. Was für eine geile Hochzeitsnacht um Helden zu zeugen. Na, vielleicht morgen.

So, könnte das Szenario ungefähr abgelaufen sein. Ist euch was aufgefallen? Dafür habe ich das ganze Alphabet gebraucht.

Der Ehekrach

Nichts bringt mehr Würze in eine Ehe als ein Ehekrach.
Ohne ihn ist es wie Salz ohne Suppe oder Ei ohne Huhn.
Im Moment der Eheschließung ist der Ehekrach doch schon vorprogrammiert.
Das ist wie ein Autounfall, so ein Frontalzusammenstoß mit Vollgas.
Nun gehen wir einmal davon aus, dass wir Männer die besseren Autofahrer sind. Und gehen wir weiterhin davon aus, wir sind auf der richtigen Spur geblieben. Dann ist die Schuldfrage schon mal geklärt.
Warum ist dann aber die Frau auf die andere Fahrbahnseite abgekommen und in das Auto des Mannes geknallt?
Hat sie wahrscheinlich während dem Schminken die Kontrolle verloren, oder ist ihr womöglich das Handy aus der Hand und unter den Fahrersitz gefallen?

Wir wissen es nicht.

Tatsache ist aber, dass wir Männer aufrichtig und geradlinig durchs Leben gehen, während der Lebensverlauf bei den Frauen eher kurvenreich ist.

Das kann mit deren Anatomie zusammen hängen. Die Kurven der Frauen ziehen uns Männer ja schließlich auch an.

Na na, nur nicht ablenken lassen.

Auch in der besten Beziehung kracht es dann mal. Ist doch logisch.

Wobei manche Frauen ja wirklich tolle Kracher sind, dass nur am Rande erwähnt.

Manchmal sind es die kleinen Dinge, die das Fass zum Überlaufen bringen.

Beispiel gefällig?

Ein Freund von mir hat einen Kleiderschrank, den er als solchen nicht mehr nutzen konnte, weil dieser mit Sachen von Tupperware vollgestopft war. Diese gammelten und verstaubten so vor sich hin, weil sie das Tageslicht noch nie gesehen hatten, seit dem seine Frau diese angeschafft hatte.

Eines Abends, als er von der Arbeit müde und abgekämpft nach Hause kam, empfing ihn seine Frau eifrig putzend im Hausflur, bei geöffneter Haustür *(im dicksten Winter).* Erst am Tag vorher hatte er das Haus von oben bis unten pikobello einer Grundreinigung unterzogen. Ich muss hier nicht extra erwähnen, dass dieser einen schlagartigen Adrenalin Schub beim Anblick der Tätigkeit seiner Frau bekam. Die Begrüßung begann in entsprechender Tonlage und ohne Kuss. Wer was sagt, müsst ihr selber raus bekommen.

„N´Abend Schatz! Was machst du da?"
„Hallo mein Schatz *(warum ist der denn jetzt so komisch drauf. Hat bestimmt einen*

schlechten Tag gehabt). Ich mach nochmal
gründlich sauber hier."

„Aber ich habe doch erst gestern die ganze
Wohnung von oben bis unten pikobello
sauber gemacht.!"

(vorwurfsvoll) „Ja, das war nicht zu
übersehen. Es ist nur oberflächlich sauber. In
den Ecken hast du auch nicht geputzt!
Bestimmt hast du nur einen Eimer
Putzwasser für die komplette Wohnung
gebraucht?"

Meinem Freund fiel die Arbeitstasche auf
den Boden, die Kunststoffthermosflasche mit
Glaseinsatz zerbarst.

(entrüstet) „Das ist ja wohl der Gipfel. Die
ganze Woche schufte ich wie blöd, und
nebenbei mache ich auch noch die Bude
sauber. Ich glaube es geht los!"

(sie lenkt ab) Ich habe morgen eine
Tupperparty, da muss die Wohnung glänzen
wie eine Speckschwarte.

„Aha, dass ist also der Grund."

„Ja, und ich habe noch so viel vorzubereiten.
Hättest du den Hausputz ordentlich erledigt,
müßte ich jetzt nicht doppelt so viel arbeiten!"
„Du spinnst doch wohl. Sonst hast du auch
nie was zu meckern gehabt!"
„Ich weiß doch, dass du die Wahrheit nicht
verträgst, und dann ständig rumbrüllst."
„Ach so ist das! Das sind ja tolle Neuigkeiten.
Davon mal abgesehen, haben wir einen
kompletten Kleiderschrank voll mit dem
Schrott. Da wurde noch nie was von
benutzt."
„Das kommt ja noch. Ich bekomme als
Gastgeberin einen super tollen Bräter als
Gastgeschenk. Der ist über hundert Euro
wert. Und außerdem sind die zwei Bierkisten
im Spind dann auch Schrott!"
„Das ist was anderes!"
„Das ist überhaupt nichts anderes. So und
jetzt geh mir nicht weiter auf die Nerven. Ich
würde gern fertig werden. Hier kannst du die
nächste halbe Stunde nicht rein. Ist alles
nass."

Mein Freund resignierte wütend und hilflos und trottete hinüber zu seinem Nachbarn, der ihm die Tür freudestrahlend öffnete. Er war Junggeselle und freute sich immer, wenn Besuch kam. Drei Stunden später und mit einigen Bierchen sowie guten Ratschlägen des Nachbarn, trat mein Freund die Heimreise an.

Der Ärger war verflogen; wurde aber wieder neu aufgelegt, weil seine Frau ihm vorwarf lieber Bier zu trinken, als mit ihr etwas zu unternehmen. Nach einigen gelallten Entschuldungsworten und dem Versprechen, in Kürze einen Thermomix anzuschaffen, kehrte wieder Frieden im Haus und unter der Bettdecke ein.

Schaffe, Schaffe, Häusle ….

Erst wird gefreit, dann kommt das Leid, wie ich immer zu sagen pflege.

Ja, so ist das nun mal, nicht wahr?

Nicht jeder Tag hat eitel Sonnenschein.

Irgendwie muss ja auch die Kohle herangescheffelt werden. Schließlich ist das Leben kein Pappenstiel und wer was erreichen will, muss sich ganz schön strecken.

Also wir hier auf dem Land streben grundsätzlich dem Eigentum entgegen. Das heißt, wir wollen nicht mit unserem sauer verdienten Geld unsere Brieftasche unnötig beschweren, sondern wissen, wofür wir es ausgeben, nämlich für uns.

Das gilt natürlich nicht für alle, ist ja klar.

Mancher ist auch mit einer Mietwohnung zufrieden oder kann sich halt ein eigenes Haus nicht leisten.

An dieser Stelle spreche ich meinen besonderen Dank denjenigen aus, die Berufe ausüben, die obwohl hochqualifiziert und sehr herausfordernd nur auf Hartz IV Niveau bezahlt werden.

Beispiele gibt´s hierfür genug: Arzthelferinnen, Friseusen, Altenpfleger etc.

Das diese Berufszweige gerade mal mit Müh und Not ihren Lebensunterhalt finanzieren und nur durch besonders sparsames Verhalten und Entbehrungen Eigentum erwerben und unterhalten können, ist beispielhaft.

Um so mehr freut es mich, wenn diese einen finanzstarken Partner finden und so, letzten Endes doch noch ein unbeschwertes Leben genießen können.

Okay, nochmal zurück.

Du hast einen Ehepartner und ihr habt auch euren Spass und ausreichend Urlaub und so, und dann das:

Die beste Freundin deiner Frau wird plötzlich schwanger. Kein Witz. Und keiner weiß wieso. Vor ein paar Tagen ward ihr alle noch gut drauf und plantet schon den gemeinsamen Urlaub fürs nächste Jahr auf den Malediven. Und jetzt: BOMM; platzt die Bombe. Miriam ist schwanger. Der Urlaub wird ohne sie und ihren Mann stattfinden. Zur Zeit belegt sie ständig das Badezimmer und hängt über der Kloschüssel, weil ihr schlecht ist. Deswegen kann sie auch auf unabsehbare Zeit ihre Arbeit nicht ausüben und muss die gemieteten vier Wände hüten.

Und dabei fällt ihr es plötzlich wie Verputz von den Wänden ein:

„EH, UNSERE WOHNUNG IST NICHT FAMILIENGERECHT GROß GENUG!"

Das Abstell- und Bügelzimmer müsste einem Kinderzimmer weichen, was einer mittleren Katastrophe gleichen würde.

Ja und dann offenbart sie deiner Frau, nachdem sie den ersten Schwangerschaftsschock überwunden hat, bei einem Tässchen Tee, dass sie jetzt auf der Suche nach eigenen einem Häuschen sind.

Es wird jetzt ernst.

Tatsache ist, dass die Wohnung zu klein und eine neue Mietwohnung bei entsprechender Größe genauso viel im Monat kostet, wie ein eigenes Haus; natürlich gebraucht gekauft.
Ein entsprechendes Objekt ist schnell gefunden worden. Der ehemalige Nachbar ist verstorben und die lachenden Erben

können die Bude nicht schnell genug an den Mann bringen.

Der Kaufvertrag wird noch in der gleichen Woche beim Notar unterzeichnet.

Ach, und das nötige Kleingeld wurde von der XY Bank auch schon bewilligt und wartet auf Auszahlung. Diverse Schönheits- und Modernisierungskosten sind im Kredit bereits mit einkalkuliert.

Weil der Gatte handwerklich geschickt ist, und seine Kollegen vom Bau ihm allabendlich helfen, kann noch rechtzeitig vorm Entbindungstermin eingezogen werden.

Das hat gesessen. Das muss deine Frau erst einmal verarbeiten.

Na ja, das geht relativ schnell.

Und jetzt geht's los. Schnall dich an und erwarte die höchste Sturmflut, die dir auf dem Himalaya begegnen kann.

Deine Frau verkündet dir auf einmal, dass sie auch nicht mehr allzu lange warten möchte, bis der Nachwuchs sich einstellen soll *(komisch, sie wollte nie Kinder haben, die lärmend und quäkend ihr den letzten Nerv rauben).*

Damit nicht genug. Auf einmal bekommst du zu hören, warum ihr es nie aus der Mietwohnung in ein eigenes Haus geschafft habt. Ihr seid Versager, d. h. **DU BIST DER VERSAGER.** Mit mehr Eigeninitiative, ausschließlich von Dir, könntet ihr euch den Traum von den eigenen vier Wänden schon längst erfüllt haben.

Außerdem müsstest du auch schon längst Abteilungsleiter sein. Schließlich machst du doch die ganze Arbeit und nicht dein Vorgesetzter.

Junge, junge. Eigentlich warst du doch ganz zufrieden mit deinem Leben.

Du brauchtest dich um nichts zu kümmern.

Die Miete ging jeden Monat pünktlich vom Konto ab.

Natürlich übernimmst du sie freiwillig, damit deine Frau ihr Geld für Sinnvolleres einsetzen kann, was auch immer man darunter verstehen mag.

Kam kein heißes Wasser, einfach den Vermieter anrufen.

Heizöl, Reparaturen etc.? Kein Thema. War Sache des Vermieters.

Und jetzt?

Alles auf Anfang und nochmal von Neu?

Oha!

Okay. du bist nach einer kurzen Schrecksekunde natürlich gerne bereit, stolzer Eigenheimbesitzer zu werden.

Im Nachhinein und bei genauerer Betrachtung und noch viel wichtiger: BERECHNUNG, würde dich das Ganze nicht bzw. nur unverhältnismäßig mehr kosten als bisher. Was natürlich dich letzten Endes überzeugt hat: du würdest **VERMÖGEN** bilden.

„Okay, Schatz, du hast ja, wie immer recht. Wir werden Königin und König in unserer eigenen Burg werden. Davon hast du doch schon als kleine Prinzessin geträumt!"

„Erstens habe ich immer Recht und zweitens hätten wir das schon vor einigen Jahren haben können, wenn du nicht so bequem, handwerklich untalentiert und unflexibel wärst"! bekommst du im ungünstigsten Fall zu hören.

Da du ja tatsächlich handwerklich ein Blindgänger bist, beschließt deine Frau klammheimlich sich Angebote von Fertighäusern einzuholen. Schließlich kennt sie dich ja.
Und siehe da.

Mit allem Drum und Dran, incl. Baugrundstück im Nachbarort, kostet dich die erträumte Burg nicht viel mehr als eine halbe Million. Ein Schnäppchen also. Okay.

Dein erster Gedanke ist natürlich: **WIE WERDE ICH SCHNELL CHEF!** Den verwirfst du wieder. Mord kommt nicht in Frage. Soviel ist dir deine Frau auch wieder nicht wert.

Nach einigem hin und her rechnen und dem streichen diverser Zusatz*(t)*räume *(Fitnessraum und Wellnessoase)* landet ihr immerhin bei rund vierhunderttausend Euro. Immer noch ein Schnäppchen.

Pah. Die Freundin deiner Frau wird vielleicht Augen machen, wenn sie davon erfährt! Und das Schöne daran ist, dass es nicht eilt, weil deine Frau ja nicht schwanger ist, obwohl ihr Wunsch nach Zärtlichkeit sich in letzter Zeit, also nach dem ihr den Hausbau beschlossen habt, um zweihundert Prozent zugenommen hat.

Damit bezweckt sie natürlich nur, dass die Hütte voll wird. Ja an was dachtest du denn? Das du jetzt auf einmal attraktiver als sonst geworden bist?

Oh Mann, oh Mann!

Wenn ich jetzt das Stichwort STORCH erwähne, klingelt es dann bei Dir?

Aha. Gut.

Und weil deine Frau schließlich ein Fertighaus haben wollte, wird nach einem Vierteljahr Bauzeit ernst gemacht.

Damit wären wir dann auch schon bei....

....den lieben Kinderlein

Freunde hatten mir einmal von deren Ehegespräch beim Priester erzählt. Dieses wird hier auf dem Land und wohl auch sonst wo, noch immer praktiziert.

Jedenfalls, war die Freundin zu der Zeit schwanger.

Das war jetzt aber wirklich nicht der Grund, weswegen geheiratet werden sollte *(hat man mir jedenfalls versichert)*.

Mehr oder weniger, doch mehr vorwurfsvoll machte der Geistliche den beiden klar, dass sie die Ehe ja anscheinend schon vollzogen hätten.

Hä!?

Aha. Das war also damit gemeint.

Ein Kind gezeugt, bedeutet also aus kirchlicher Sicht, die Ehe vollzogen zu haben.

Ja, das muss einem ja mal gesagt werden.

Okay. Mit diesen Erkenntnissen war der Wissenshorizont der Freunde natürlich wesentlich erweitert worden.

Meiner auch.

Die Geburt des Kindes der besagten Wissenden war natürlich auch ein ganz besonderes Erlebnis.

Als die Wehen einsetzten wurde die schon seit Monaten gepackte Reisetasche mit dem Notwendigsten in den Kofferraum gehievt und sofort Richtung Krankenhaus ab gedüst.

Auf halbem Wege, kehrte mein Freund um und nahm besagte in bester Hoffnung vor der Haustür ungeduldig wartende Ehefrau auf und nach kurzer Diskussion, wurde die Reise ins Krankenhaus fortgesetzt.

Wer glaubt, so eine Geburt ist eine schnelle Angelegenheit, der sah sich hier getäuscht.

Ein ganzer Tag und eine ganze Nacht dauerte es, bis ein strammer Sohn, das Licht der Welt erblickte.

Dank der fürsorglichen Hebamme musste mein Freund das Krankenhaus, besser gesagt, den Kreissaal nicht zum Frühstücken verlassen. Kurzerhand organisierte sie es an Ort und Stelle.

So langsam verstehe ich jetzt auch erst, dass Kinder eine Ehe komplettieren.

Dass nennst sich dann FAMILIE!

So. Die Geburt war ja jetzt noch der einfachste Teil.

Der Wahnsinn geht ja schon viel früher los. Wieso?

Na, bei der Einrichtung des Kinderzimmers geht's doch schon bunt daher.

Kaum hat deine Frau den Schwangerschaftstest erfolgreich mit positiv bestanden, schmeißt sie den Computer an und befasst sich ausschließlich nur noch mit der Gestaltung des Kinderzimmers und Babybekleidung.

An SEX ist in den nächsten Monaten nicht mehr zu denken. Ihr ist sowieso immer schlecht und dementsprechend gut gelaunt ist sie auch. Tja, Männer in anderer Ländern sind da cleverer. Die haben für solche Fälle immer eine Ersatzfrau.

Neidisch? ICH DOCH NICHT! *(ich könnt heulen!)*.

Jedenfalls kannst du dir sicher sein, dass Männer an den Planungen nur bedingt ihre eigenen Vorstellungen einbringen können.

Ne ne, so habe ich das jetzt nun auch wieder nicht gemeint.

Beim Tapezieren, streichen und Möbelaufbau bist du schon als helfende

Hand unverzichtbar eingeplant. Punkt. Mehr aber auch nicht.

Die restlichen Planungen erledigt selbstsicher deine Frau nebst Freundinnen.

Jaja, so ist das nun mal.

Sieh es doch mal positiv.

Die Freude auf Deiner Seite dürfte doch höchstens dann getrübt sein, wenn anstelle eines Stammhalters aus welchen Gründen auch immer, ein Mädchen das Licht der Welt erblickt.

Dann kommt Streß auf.

Mist. Wieder neu tapezieren und streichen. Von Blau auf Schweinchen rosa.

Hatte denn die Frauenärztin vor der Ultraschall Untersuchung zu tief ins Sektglas geschaut?

Haftbar machen kannst du sie nicht.

Statt dessen darfst du deren Diagnose ausbügeln. Wieder alles auf Anfang und NEU!

Alles kleine Fische! Es kommt noch viel dicker.

Jetzt geht´s los!

Den Kita-Platz hat deine Frau ja schon rechtzeitig vier Jahre vor der Geburt und eurem Kennenlernen gesichert. Sonst müsste sie die ersten Jahre zu Hause bleiben, weil eine Betreuung nicht gewährleistet wäre.

Denk mal nach: Zu dieser Zeit hattest du sie noch nicht einmal gekannt!!! Wahnsinn oder? Diese Fähigkeit der Frauen, etwas vorherzusehen.

Erinnerst du dich, dass du noch zu ihr gemeint hast, es wäre noch früh genug, wenn das Kind auf der Welt wäre?

Junge, junge.

Gott sei Dank haben die die Frauen das Gehirn im Kopf und nicht in der Hose, wie manche Männer! *(habe ich das gerade geschrieben?)*

Jetzt bist du schlauer. Sonst wärst du jetzt dafür verantwortlich, dass sie nur noch halbtags ihrem Beruf nachgehen könnte. Das würde zu einem großen Riss in Eurer Ehe führen.

Du hättest ihr Selbstwertgefühl, ihren Wert für die Gesellschaft gemindert.

Nochmal Glück gehabt!

Nun geht's bei Euch im Bett aber des nachts wieder richtig ab oder?

Ja sicher doch. Aber nur, wenn der Nachwuchs schreit, weil er Hunger hat oder die Windeln voll.

Da kann man schon mal neidisch an seinen besten Freund, den ewigen Junggesellen denken, der gerade mit seiner neuen

Flamme sich auf Liebes-Urlaub am Strand von Mauritius aufhält.

Anstandshalber verzichtest du natürlich nach dessen Rückkehr auf die Schilderung der Details und bleibst wegen einer Erkältung der Diashow fern.

Nun schau doch nicht so betrübt durch deine beschlagenen Brillengläser.

Irgendwann wird sich das alles wieder einkriegen.

Auf Regen folgt Sonnenschein oder Sonnenschein mit Regen.

Du musst halt eben Zeit mitbringen. Ziiiiiiiiiiiiiiiemlich viel Zeit.

Viel wichtiger ist doch jetzt sowieso die Kindeserziehung. Da müsst Ihr an einem Strang ziehen und gemeinsam dem Kind den rechten Weg weisen.

Jedes Kind braucht schließlich feste Tagesstrukturen. Egal ob bei den

Hausaufgaben, den Geburtstagsfeiern, dem ersten Freund oder Freundin und und und....

Ihr habt das doch alles im Griff, oder?

Aber trotz allem muss der kleine Erdenbürger ganz schnell Fuß in der digitalen Welt fassen, von der Ihr sowieso schon zertreten wurdet, weil Ihr zu lahm geworden seid.

Aus diesem Grunde bekommt er auch vorsorglich mit spätestens einem Jahr oder auch früher, *(je nachdem wie schnell er zum ersten Mal MAMA oder PAPA sagt)* zum ersten Geburtstag ein Handy.

Damit kann er in der Kita schnell Mama anrufen und freudig in den Hörer plappern, dass er zum ersten Mal sein Häufchen nicht in die Windel sondern aufs Töpfchen gemacht hat.

Bravo!

Und weil er ein cleveres Kerlchen ist, hat er auch gleich Fotos seiner Hinterlassenschaft damit gemacht und an alle in seiner Whats App Gruppe oder bei Instagram gepostet.

Die Eltern und Großeltern sind überglücklich.

Das muss gefeiert werden.

Prompt wird eine spontane Grillparty für die Nachbarn am Wochenende organisiert.

Der Urlaub

Wonach dürstet es jeder Frau?

Falsche Antwort: Einem Mann. Darauf stehen nur im Tierreich die Gottesanbeterinnen.

Richtige Antwort: Klamotten und URLAUB.

Der ganze Streß mit Haus, Kind, Mann macht die Frauen fast wahnsinnig.

Die einzige Möglichkeit, nicht zu verzweifeln, ja hysterisch zu werden und die Ehe und damit die gesamte Familie ins Unglück zu stürzen ist jetzt dass Ventil zu öffnen und Druck abzulassen:

URLAUB.

Egal, ob das Haus und das Auto abbezahlt sind oder nicht.

Beim Essen:

„Schatz, ich muss hier raus! Ich kriege keine Luft mehr!"

„Dann geh doch an die frische Luft."

„Typisch Mann! du merkst gar nicht, wie ich leide und am Ende meiner Kräfte bin.!

(du blickst erstaunt von deinem Schnitzel auf)

„*(mit vollem Mund)* Aber Schatz!"

„Nicht ist mit Schatz! Wenn ich nicht bald ans Meer komme, werde ich noch wahnsinnig. Die Meiers von nebenan sind schon wieder auf Malle. Das ist schon das zweite Mal dieses Jahr. Der Tom verdient doch auch nicht mehr als du und trotzdem kriegen die das hin!"

„Warum wir nicht? Wann fahren wir endlich auch noch mal in Urlaub? Früher hast du immer was mit mir unternommen. Jetzt wo der Max da ist, hocken wir nur noch zu Hause rum."

„Aber der Max ist doch noch so klein und …!"

„Nix und. Ich will jetzt endlich in Urlaub, ich will, ich will, ich will!"

Der kleine Max:„Will, will, will." Und prompt fliegt dir der Teller mit Brei um die Ohren.

So oder so ähnlich wird's wohl gehen, oder?

Ja ja, schon gut.

Sie hat ja auch, wie immer, recht. Der letzte Urlaub liegt schon ein Jahr zurück. Es ist jetzt wieder Zeit, dass Frau sich erholt.

Du erklärst dich selbstverständlich kleinlaut bereit, am nächsten Tag ein Reisebüro aufzusuchen und entsprechende Reiseprospekte mitzubringen.

„Moment!" Sie steht kurz auf um binnen zehn Sekunden mit einem ganzen Karton Prospekte wiederzukehren. Mist, sie war wieder schneller.

„Ich hab da schon mal was ausgesucht. Du, die Meiers werden vor Neid erblassen."

Überrascht über die plötzliche gute Laune bleibt dir erst einmal die Sprache weg, du verschluckst dich und musst mit Bier nachspülen.

„Amerika. Westküste mit dem Wohnmobil. Ein Schnäppchen sage ich Dir!"

Du bekommst Schnappatmung. Vorsichtig, um die Stimmung nicht zu kippen fragst du nach:

„Und was..?"

„10.000,00 €. Ein Schnäppchen. Ich habe sofort zugeschnappt. Die Beraterin hat mir gesagt, wenn wir als Frühbucher jetzt buchen, dann sparen wir gegenüber dem späteren Preis über 2.000,00 €."

Von dem Ersparten bekommst du nichts mehr mit, weil du in Ohnmacht gefallen bist.

Einen Eimer Wasser später und nachdem ersten Augenaufschla, dem Vorwurf, dem Alkohol zu viel zuzuneigen, nimmst du die Realität wieder wahr.

Du sparst dir die Hinweise auf den halsbrecherischen Hauskredit sowie den noch nicht bezahlten Kredit für den letzten Urlaub und nickst einfach nur deine Zustimmung.

Dann wird der Urlaub da eben auch noch drauf gepackt. Was soll's. Solange die Bank das mit macht, kann es dir doch auch scheiß egal sein.

Du verbringst mit deiner Familie ein paar schöne Urlaubswochen mit Flugangst,

Durchfall, Bär- und Wolfsangriffen in der Fremde und entspannst.

Hauptsache den Meiers habt ihr es gezeigt.

Tschakka.

Macht die Ehe glücklich?

Mit Erstaunen musste ich lesen, dass laut einer US-Studie *(wer auch sonst)* die Ehe glücklich macht – wenn die Partner Freunde sind!

Hä?

Das verstehe ich nicht!

Also muss meine Partnerin meine Freundin sein, damit wir eine glückliche Ehe führen können?

Aber wenn sie doch meine Freundin ist, dann brauche ich sie doch nicht zu heiraten!

Umgekehrt: Wenn ich mit meiner Freundin verheiratet bin, bin ich dann nicht mehr mit ihr befreundet?

Leute, Leute, mir schwant Böses.

Deshalb also die ganzen Rosenkriege. In dem Moment, wo geheiratet wird, fällt es einem wie Schuppen von den Haaren:

„DU BIST MEIN EHEPARTNER, ALSO MEIN FEIND!?"

Der Sache musste ich auf den Grund gehen.

Ich habe bei meinen Bekannten und Nachbarn recherchiert.

Die hatten alle aber auch nichts mehr vor Ihren Partnern zu befürchten. Die waren nämlich schon Tod.

Ohne Quatsch. Deren Meinung war einhellig.

Früher, also zumindest vor, während und überhaupt bis zu den Hippi-Zeiten da wurde vor allem aus Sicht der Frauen geheiratet wegen

- Finanzieller Absicherung
- und weil die Eltern es so wollten.

Aus Sicht der Männer:

- Versorgung im Haushalt
- eine Mutter für die Kinder *(logisch)*
- Beischlaf *(Sex nannte sich damals so)*.

Es gab da wohl auch eine strikte Trennung

- Für den Innenbereich und die Kinder waren die Frauen zuständig,
- für den Außenbereich die Männer.

Aha, wieder was gelernt.

Früher mussten die Ehepartner also nicht gleichzeitig Freunde sein.

Kehren wir der Vergangenheit mal den Rücken und wenden uns der Gegenwart zu.

Was die finanzielle Absicherung heute betrifft, so sind Frauen wie Männer heutzutage doch ziemlich gleichgestellt. Ich meine, ja okay, die Höhe des Einkommens differenziert bei gleicher Leistung der verschiedenen Geschlechter wohl noch etwas zu Gunsten der Männer.

Aber, he. Dafür können wir doch eigentlich nichts. Das ist doch nun mal so. Und außerdem sind wir nicht verantwortlich dafür sondern die Politik.

Das wird sich in dem Moment ändern, wo wir die Kinder kriegen und die Frauen die Beulen in den Hosen haben und Unterhalt zahlen müssen.

Das Frauen bekanntlich meistens die Hosen anhaben, darauf gehe ich hier nicht weiter ein.

Kindererziehung ist heutzutage auch nicht nur Frauensache, es sei denn Mann trennt sich.

Wir Männer kümmern uns mittlerweile auch intensiver um unseren Nachwuchs.

Außerdem ist Kinder kriegen vor der Hochzeit mittlerweile auch salonfähig. *(warum also heiraten?)*

Bei dem breiten Betreuungsangebot können die Kinder heutzutage ohne schlechtes Gewissen der Elternteile so lange in den Kitas bzw. den Ganztagsschulen bleiben, bis Vati oder Mutti kommt um sie abzuholen.

Sinn macht es natürlich am ehesten, wenn die Eheleute Früh- und Tagschicht im Wechsel machen würden.

Der eine brächte die Bälge dann morgens weg, der andere holt sie nachmittags ab. Klasse Lösung.

Hat zumindest zur Folge, dass die Kinder früh lernen müssen, auf sich allein gestellt zu sein.

Neulich hatte ich das Kind meiner Nachbarn zufällig auf der Straße getroffen.
Getroffen stimmt genau. Die ist voll in mich reingelaufen, weil Sie das Gesicht nach unten dem Smartphone zugewandt die Gegend um sich herum nicht mehr wahrgenommen hat. *(natürlich mit Ohrhörer),* während ich mit meinem Handy auf der Jagd nach Pokémons befand.

Nach dem leichten Zwischenfall ohne nennenswerte Blessuren fragte ich sie, was die Eltern denn so machen.

Darauf meinte die pubertierende junge Göre: „Meine Eltern? Weiß ich ehrlich gesagt nicht. Ich kenne eigentlich nur den Mann der bei uns wohnt und die Frau die bei uns putzt, wäscht und kocht!"

Sind das meine Eltern?

Echt?

Mir blieb die Spucke weg.

„Ja", war meine verdutzte Antwort. „Ihr seid doch eine Familie!"

„Familie?" Was ist das?"

Ich erklärte es ihr, so gut ich konnte.

„Boah, echt ey. Das muss einem doch mal gesagt werden. Sie strahlte über beide Backen.

„Was unternehmt Ihr denn so zusammen?"

„Wir schauen zusammen fern, dass heißt jeder auf seinem Zimmer, also für sich Netflix, Amazon prime und so."

„Jeder für sich?"

„Ja ja! Papa guckt am liebsten „Gladiators, Mama „Viking", ich „Dracula" und Jule „

Walking DEAD".

„Aber das ist doch nichts, was Ihr gemeinsam macht. Ich meine Spiele, wie Mensch ärgere dich nicht, Monopoly, Mühle, Schach oder puzzeln."

Sie zuckte nur die Achseln.

„Kenne ich nicht. So, ich muss weiter. Da hinten springt noch ein Pokemon herum. Das muss ich unbedingt fangen. Dann steige ich im Level auf.!"

Und weg war sie.

Ich strengte mich an, so viel ich konnte. Ich sah kein Pokemon.

So viel zu dem Thema.

Unter'm Strich würde ich sagen, dass die Ehe dank Netflix, Amazon und Co glücklich machen kann, weil man sich nicht auf die Nerven gehen muss.

Macht die Ehe unglücklich?

Tolle Frage!
Welche Antwort willst du hören?

a) Ja klar. Wäre ich Junggeselle geblieben, könnte ich jeden Tag machen was ich will ohne Rücksicht auf andere. Ich hätte so viele Frauen, dass ich mir deren Namen gar nicht alle merken könnte.

b) Auf keinen Fall. Ich habe einen Schatz gefunden, der mehr wert ist, als alles Gold dieser Erde.

Zu a) Das Argument kann man erst einmal so stehen lassen. Dem ist nichts mehr hinzuzufügen.

Es sei denn, du hast ein Verhältnis mit einer verheirateten Frau; vielleicht sogar mit der deines besten Freundes.

Dann ist zumindest der betrogene Freund unglücklich und damit hast du schon *(zack)* eine Ehe unglücklich und kaputt gemacht.

Als du damals Blutsbrüderschaft mit deinem besten Freund geschlossen hast, war mit Sicherheit nicht dessen künftige Frau mit eingeschlossen.

Toll gemacht.

Damit kannst du dann vor deinen Freunden prahlen, dir auf die Schulter klopfen lassen. Na ja, wenn noch welche übrig bleiben. Die Freunde deines Freundes werden sich bestimmt nicht auf deine Seite schlagen, es sei denn, deine Freunde hatten auch was mit ihr *(was ich an dieser Stelle einmal nicht unterstellen will)*.

Die einzige Möglichkeit, aus der Nummer wieder einigermaßen glimpflich herauszukommen, ist, wenn dein Freund seine Frau ebenfalls betrügt.

PATT-Situation.

Aber wenn jeder jetzt fremd geht, dann findet man doch am Partner etwas, was einem nicht gefällt, oder was noch fehlt.

Und außerdem, wer einmal leckt, der weiß wie es schmeckt.

Wahrscheinlich bleibt es nicht bei einer Affäre sondern entwickelt sich zur Sucht.

In den Fällen macht die Ehe nicht glücklich, also doch besser a).

Fremdgehen (Ehebruch)

Ja, auch dieses Thema muss einmal angesprochen werden. Ich hatte es ja bereits angeführt.

Was treibt einen überhaupt zum Ehebruch? An dieser Stelle sind natürlich auch die Frauen angesprochen. Das geht nämlich in beide Richtungen, oder etwa nicht?

Also mich hat es noch nie dazu getrieben, deswegen klammere ich mich hier mal aus.

EHRLICH!

Ihr braucht gar nicht zu tuscheln, oder mit dem Finger auf mich zu zeigen.

Ich weiß was Ihr sagen wollt.

„Der kann ja viel schreiben, wenn der Tag lang ist."

Ach denkt doch, was Ihr wollt!

Kehrt doch lieber vor eurer eigenen Tür. Da liegt genug Dreck herum.

Aber mal Ernst beiseite.

Irgendwann hat doch jeder und jede Partner/in am anderen was auszusetzen, oder etwa nicht?

Nicht am Anfang einer Beziehung, ne. Erst viel später, wenn jeder seinen Gewohnheiten nachgeht ohne dass es ihm peinlich ist.

Dann geht's los.

Da wird dann das abundzu Bierchen abends zum Dauerbrenner. Da wird auch schon mal am Tisch gerülpst oder sonstige Töne von sich gegeben. In der Schmetterlingszeit wurde dies tunlichst vermieden. Der Mensch ist halt ein Schauspieler.

Der Partner ist nicht unbedingt mehr die Nummer eins.

Kurz zurück: Schmetterlingszeit ist noch im Gedächtnis? Kennenlernen und so?

Kleiner Exkurs. Ich wollte nur wissen, ob ihr noch aufmerksam weiterlest.

Und dann kommt der Punkt, oder das Komma, an dem der Partner/die Partnerin wieder kritisch durchleuchtet wird.

In den Fokus rücken auf einmal Kolleginnen oder Kollegen oder Menschen, die einem einfach auf der Straße begegnen oder die man auf Veranstaltungen, Straßenbahnen, Cafés, bei Bekannten und Freunden kennenlernt, und das Interesse an näherem Kennenlernen *wecken (Schmetterlinge?)*

Tja, nun bist du aber verheiratet und jetzt? Pech gehabt oder bist du nach der Hochzeit aus der Kirche ausgetreten?

Im letzteren Fall bist du deswegen noch lange nicht aus der Nummer raus. So einfach geht das nicht.

Auch wenn andere Menschen in deinen Fokus rücken, die du interessant findest. Auch sie haben ihre Angewohnheiten, die mit an Sicherheit grenzender Wahrscheinlichkeit im Laufe der Zeit mit denen deines Partners/deiner Partnerin identisch sind. Denn die Menschen sind sich in ihrem Wesen eigentlich alle gleich.

Der einzige Unterschied ist das Äußere Aussehen und die Kilos auf der Waage.

Also ich würde das Fremdgehen nicht praktizieren. Denkt doch mal an später, an die Rente.

Und die Ehezeiten werden bei einer Scheidung auf die Rente angerechnet und geteilt und schwuppdiwupp, bist als Rentner Sozialhilfeempfänger. Denk an den Valentinstag. Da hab ich bereits das Ende düster vorausgesagt.

Die Silberhochzeit

Ich will es mal so sagen:
Ein Silberschweif am Horizont ist in einer sehr guten, weniger guten oder gar nicht intakten Ehe die Silberhochzeit. WOW. 25 Jahre zusammen mit ein und demselben Partner, fest verbunden durch das Band der Ehe. Wenn es so lange gehalten hat, dann ist es extrem reißfest, dehnbar und hat an seiner Farbe nichts eingebüßt.

Wie oft hast du in den letzten Jahrzehnten schon zu hören bekommen: „Das habe ich dir doch schon hunderttausendmal gesagt," oder „da hatten wir doch erst gestern darüber gesprochen," oder „warst du gestern wieder besoffen, dass du unseren Hochzeitstag vergessen hast?"

Schwamm drüber.

GRATULATION!!

Bergfest, Yippiayeah und nun?

Bewegen sich die Hände unter der Bettdecke oder liegen sie bewegungslos obenauf?

Wie sagte einst ein Freund zu mir:

Nach so vielen Jahren ist es wie bergsteigen. Die Luft wird zwar dünner, doch die Aussicht schöner!

Mh. Das hat mich etwas nachdenklich gemacht. Ist der Sex besser, oder meinte er die Aussicht auf sein baldiges irdisches Ende?
Na ich habe vorsorglich nicht nachgefragt. Womöglich hätte ich sonst meinen letzten Freund verloren.

Und nun? Freust du dich darüber oder macht es dich nachdenklich?

25 Jahre!!

Das muss man sich erst einmal auf der Zunge zergehen lassen, wie ein schönes saftiges, zartes Steak *(ja, Schreiben macht hungrig).*

Wie warst du denn so drauf in den letzten 25 Jahren?

Warst du immer artig und deinem Partner treu?

Hast du sie immer auf Händen getragen? Zumindest in den ersten Jahren, als sie noch das Gewicht einer Elfe hatte?

Hast du deine Interessen immer hinten an gestellt?

Wenn du alle diese Fragen mit JA beantworten kannst:

BOAH, BIST DU LANGWEILIG!

Was hast du nur aus dir gemacht. Was hat die Ehe nur aus dir gemacht? Warst du als Kind auch schon so langweilig? Hast du auch da nur im Dunkeln in der Nase gepopelt, wenn dich keiner sehen konnte? Wolltest du nicht ab und zu aus deinem Leben ausbrechen und mal fremdgehen und so, wenn dir eine heiße Frau über den Weg lief?

Oder solltest du über die seltene Gabe der Gefühlsregung verfügen und immer noch

VERLIEBT SEIN?

BOAH, HUT AB!

Ist mir auch so gegangen.

Mal ganz ehrlich.

Glaubt Ihr meine Geschlechtsgenossen wirklich, dass ein Wechsel in der Partnerschaft euch Friede, Freude, Eierkuchen beschert?

In einer offenen Beziehung vielleicht. Aber warum dann heiraten? Deinen Partner kennst du in- und auswendig *(sollte man meinen)*. Ein neuer Partner ist .....halt eben neu.

Und jeder hat so seine Macken, die er

a) von Anfang an mit sich bringt und

b) sich im Laufe der Jahre aneignet oder so.

c) und zu guter Letzt hat er vielleicht Anhängsel dabei, die dich ganz kritisch betrachten *(ja dachtest du vielleicht, du kriegst in deinem Alter noch Neuware ab?)*

Was gibt es da noch zu sagen.

Na ja, deine neue Partnerin kann sich ja auch ganz unverblümt wegen deinem Vermögen an dich heran geschmissen haben, um dich auszusaugen wie ein

Vampir! *(deswegen werden wohl manche Frauen auch als VAMP bezeichnet).*

Oder sie entwickelt sich von einer Sexbestie zu einem Hausdrachen. Wer weiß.

Ob sich da ein Tausch wirklich lohnt, wage ich zu bezweifeln.

Die Goldene Hochzeit

Eines will ich hier mal schon vorweg anführen.

Das Bundesverdienstkreuz am Bande ist dir garantiert sicher.

Während die Silberhochzeit das Bergfest *(ich erwähnte es bereits)* bildet, befindest du dich bei der goldenen Hochzeit bereits wieder auf dem Abstieg.

Nun mal langsam. Nicht zu voreilig urteilen. Ich darf das ganze ja wohl noch aus meiner Sicht erläutern.

Goldene Hochzeit bedeuten: 50 Jahre verheiratet sein. Natürlich mit ein und demselben Partner. Also, wer nach der Silberhochzeit sich neu orientiert und noch einmal heiratet, dürfte eine Goldene Hochzeit nur feiern, wenn er in der Wiege bereits verheiratet wurde. Na ja, ich sag mal lieber nie nie.

Die Wehwehchen nehmen zu, nicht war? Tja, du bist eben jetzt im knackigen Alter. Mal knackt es hier, mal knackt es da. Stimmt's? *(kann natürlich auch schon zur Silberhochzeit oder früher sein)*

Das Bett quietscht nur noch, wenn du dich drehst. Die früheren Liebesanstrengungen im Bett dürften sich mittlerweile ohne entsprechende Mittelchen wohl auch erledigt haben oder?

Sollte dies dennoch alles klappen, dann, verdammt nochmal

HUT AB!

Dann bist du für das goldene Sportabzeichen nominiert! Oder für den goldenen Ochsen, weil deine Frau dir Jahrzehnte lang Hörner aufgesetzt hat oder das goldene Eichhörnchen, weil du es geschafft hast, dir ein riesiges Vermögen angehäuft zu haben oder oder oder.

Also mit anderen Worten. Es wird endlich Zeit, Auszeichnungen zu verteilen.

Es wird Zeit, den Lohn, den Dank des Volkes, die Lorbeeren zu empfangen für die vergangenen Jahrzehnte, die erfüllt waren von Entbehrungen, Entbehrungen, Entbehrungen.

Blöde ist nur, dass du wahrscheinlich in dem Moment im Altersheim sitzt, und deine Frau nur darauf wartet, dass du den Löffel abgibst, ins Gras beißt, die Libelle machst, deinem Blutsbruder in die ewigen Jagdgründe folgst, vor deinen Schöpfer trittst usw. usw.

Na, dann hast du ja jetzt Zeit genug über dein Leben nachzudenken.

Vorausgesetzt du bist kein Pflegefall und liegst im Wachkoma.

Egal. Der Bürgermeister kommt dich trotzdem besuchen und gratuliert dir und deiner noch immer rüstigen Frau *(ist sie wirklich erst 60?)* zu eurem Jubiläum und wünscht euch noch viele glückliche gemeinsame Jahre. Bevor er geht tauschen die beiden noch die Handynummern aus.

Die Diamanten Hochzeit

60 Jahre verheiratet mit ein und derselben Partnerin. Das grenzt schon an ein Martyrium. Also das muss extra bewertet werden.

In dem Fall könnte evtl. schon zu Lebzeiten eine Seeligsprechung erfolgen.

Ja, wieso denn nicht. Da braucht Ihr gar nicht so den Kopf zu schütteln.

Alle deine Sünden, die weltlich sind, hast du in den 60 Ehejahren gebüßt, glaube mir.

Vor kurzem waren du und deine Frau noch auf der Beerdigung eurer letzten Schulkameraden eurer Abschlussklassen. Das heißt

IHR SEID DIE LETZTEN.

Streiten bringt jetzt auch nichts mehr.

Endlich Zeit miteinander zu reden.

WIE SCHÖN!

Erbschaft

Ja, ich weiß. Aber es nützt nichts. Auch über dieses dunkle Thema, welches nicht unwesentlich ist, muss gesprochen, Verzeihung, geschrieben werden. Dafür habe ich es auch an den Schluss gesetzt.

Wie ging noch einmal das Lied:

„Eine Erbschaft, die ist lustig,

meistens kommt sie angeschleicht,

ja, da kannst du doch mal sehen,

anderer Leute Geld macht reich!

Ich glaube so oder so ähnlich ging das Lied.

Tja, des einen Leid ist des anderen Freud.

War so, ist immer noch so.

Willste erben, muss einer sterben.

Auch das Erben spielt im Verlaufe einer Ehe eine Rolle. Mal erbt man vor der Ehe, während oder nachher.

Viele Paare schaffen es doch tatsächlich mit all ihren Entbehrungen und dem Verzichten auf Luxus, ein schönes Vermögen anzuhäufen; meistens in Form von Immobilien, Aktien und Barvermögen.

Was viele nicht wissen:

DU NIMMST NICHTS MIT INS GRAB!!

Ja, Pech gehabt! Die ganze Anstrengung für nix, für lau, für umsonst?

Alles für die Katz oder den Hund?

Die Erbschaft von der Tante aus Amerika ist auch noch zur Hälfte da; ihr ward ja sparsam.

Wenn du über euer Ende schon viel früher nachgedacht hättest, dann wärest du doch mit deiner besseren Hälfte bestimmt zehn

Mal um die Welt gereist, als die Moneten unters Kopfkissen zu stecken.

Jetzt ist es zu spät. Deine Frau ist schon Tot und du liegst auch schon in den letzten Zügen. *(tief durchatmen)!!*

Ärgerlich nicht wahr.

Nicht, wenn du und deine Frau sowieso vorhattet, eurer Vermögen dem Nachwuchs zukommen zu lassen, also zu vermachen.

Doch ich kann nur hoffen, dass eure geschlüpften Küken gut geraten sind.

Schließlich soll die ganze Plagerei ja nicht umsonst gewesen sein.

Das wäre ja noch schöner.

Aber nicht alles im Leben läuft rund, wie ein Ball oder eine Bowlingkugel.

Ganz im Gegenteil. Nach meinen Erkenntnissen eiert man durchs Leben. unrund eben.

So muss es sein.

Kommt Leute.

Ihr wollt mir doch nicht im Ernst weis machen, bei Euch würde alles toll sein. Eure Ehe eine Bilderbuch-Ehe, eure Kinder ohne Makel und topp.

HAHAHA.

Netter Versuch. Aber nicht mit mir.

So, nun beruhigen wir uns mal wieder und kommen zurück zum Thema.

Also, was ist nun? Haben sich die Plagen gut entwickelt oder gibt's was auszusetzen?

Oder hast du doch schon mal mit dem Gedanken gespielt, der Kirche was abzugeben, obwohl du seit dem Tod deiner Frau vor zehn Jahren die Kirche nicht mehr von innen gesehen hast?

Hm, mal überlegen.

Meistens ist es ja so, dass sich die Kinder wegen Hausbau, oder -kauf und Nachwuchs selbst hoch verschuldet haben.

Die zahlen dann ihre Kredite bis ans Ende ihrer irdischen Tage ab.

Pech gehabt! Warum soll es denen denn besser gehen, als euch?

Na ja, du wirst doch wohl ein Herz haben oder?

Deine Frau hat doch heimlich den Kindern sowieso immer hinter deinem Rücken Geld zugesteckt, damit die was Essbares im Kühlschrank hatten.

Das war auch vollkommen in Ordnung. Es reichte ja, wenn du genügend Geld dafür von der Arbeit mit nach Hause brachtest.

Nein, du warst kein Bankräuber. Hab ich so nicht gemeint. Das sagt man so.

Und außerdem sollten es eure Kiddis doch einmal besser haben als du und deine Frau oder nicht?

So war jedenfalls Euer Plan.

Und jetzt?

Die hängen jetzt genauso in der Scheiße wie Ihr damals!

Der Plan ist schon mal nicht planmäßig verlaufen, aber menschlich.

Also gut.

Gib alles ab ohne zu meckern. Irgendwer wird sich schon später um eurer Grab kümmern.

Bei der Gelegenheit würde ich euch eine Friedwaldbestattung vorgeschlagen.

Super Sache. Da braucht sich kein Mensch um was zu kümmern und es wächst Gras drüber, über Euch meine ich.

Aber vergiss bitte eines nicht:

Wenn Ihr euer Vermögen schon zu Lebzeiten abgebt, dann kann es durchaus passieren, dass die Kinder eure Geburtstage vergessen, weil sie gerade nach Australien ausgewandert sind und das Erbe auf den Kopf hauen.

Also: AUFGEPASST!

So, nun schließe ich meine kritische Betrachtung der Ehe mit einigen sinn- und unsinnigen Sprüchen und bedanke mich bei euch, dass Ihr das Buch hier so tapfer bis zum Schluss gelesen habt.

Yippiayee.

Mein FAZIT:

Vor dem **ENDE** steht das **LEBEN**.

Und: **KEINE WEHE, KEINE EHE!**

Vergesst das nicht!

Sprüche

****

Das Band der Ehe hält,

auch ohne viel Geld,

in den Jahrzenten gut geschmiert,

nie und nimmer was passiert.

****

Wenn ihr erblickt das Licht der Welt,

zählt für euch alles, außer Geld.

Erst im Laufe des Lebens, ihr werdet schon sehen,

wird auch in der Ehe ohne Geld überhaupt nichts gehen.

****

Eine starke Ehefrau darf niemals heulen,

beim Zubereiten von Hähnchenkeulen.

****

Kommt das Ehepaar betrunken nach Haus,

macht der nüchternste das Licht als letzter aus.

****

Soll in eurer Ehe alles gelingen,

musst viel Geld du selbst mitbringen.

****

Keine Frau liegt auf Dauer,

einem Bauer wegen Bio auf der Lauer.

****

Willst als Mann du glücklich sein,

bleib allein

****

Herstellung und Verlag: BoD – Books on Demand,
Norderstedt
ISBN: 9783754346723